LES MARIAGES SAMNITES,

DRAME LYRIQUE

EN TROIS ACTES,

ET EN PROSE.

Par M. DE ROZOI, Citoyen de Toulouse, des Académies, &c. &c. &c.

Représentée pour la premiere fois, par les Comédiens Italiens Ordinaires du Roi, le Mercredi 12 Juin 1776.

NOUVELLE EDITION.

Le prix est de 30 sols.

A PARIS,

Chez la Veuve DUCHESNE, Libraire, rue St-Jacques, au-dessous de la Fontaine S. Benoît, au Temple du Goût.

M. DCC. LXXVI.
Avec Approbation & Permission.

A
MADAME DE....

Madame,

Vous m'avez défendu de nommer l'objet de l'hommage le plus pur, & le mieux mérité. J'ai dû obéir; & comment pouvois-je hésiter? Le sentiment gagnoit, où l'amour-propre pouvoit perdre. Le

Tableau, que j'ose vous présenter, est celui d'un peuple heureux par des mœurs toujours avouées par la loi. Qui mieux que vous, MADAME, peut apprécier ce que cet ensemble a de touchant ? On oublie, en vous écoutant, que vous êtes belle, & l'on ne s'en souvient, que lorsqu'on voit avec quel pouvoir vous enchaînez le vicieux aux pieds de la Beauté, pour le rendre à la Vertu même.

Je suis avec respect,

MADAME,

Votre très-humble & très-obéissant
serviteur,
DE ROZOI.

PRÉFACE.

Que tout Législateur qui veut s'assurer du cœur des hommes, commence par ranger les femmes du parti des loix & des mœurs. Qu'il mette la vertu & la gloire sous la garde de la Beauté, sous la tutelle de l'Amour ; sans cet accord, il n'est sûr de rien.... Telle fut la politique des Samnites, cette République guerriere, qui fit passer Rome sous le joug, & qui fut long-tems sa rivale.....

On attendoit tous les ans la cérémonie des mariages avec une timide impatience : jusques-là les garçons & les filles Samnites ne se voyoient gueres qu'au Temple, sous les yeux des meres & des sages vieillards, avec une modestie également inviolable pour les deux sexes. A la vérité, cette géne austère n'en étoit pas une pour les desirs : les yeux & le cœur faisoient un choix. Mais c'étoit pour les enfans un devoir religieux & sacré, de ne confier leur inclination, qu'aux auteurs de leurs jours : un pareil secret divulgué, étoit la honte d'une famille.

Le jour du départ (quand on entroit en

campagne) *toute l'armée défiloit devant les jeunes filles, pour animer les Guerriers.*

Parmi cette jeuneſſe guerriere, on diſtinguoit à la délicateſſe de ſes traits, à ſon air ſenſible & tendre, le jeune Agathis.... Il approchoit de l'âge où il devoit être au nombre des époux, & par la qualité de pere, obtenir celle de Citoyen.... Les jeunes filles s'envioient mutuellement les regards ; une ſeule enfin les attira : ce fut la belle Céphalide.

La place où l'on s'aſſembloit, étoit un vaſte amphithéâtre..... Allons, mes filles, diſoient les meres, empreſſées de les parer : il faut vous préſenter à cette Fête auguſte, avec tous les agrémens que le ciel a bien voulu vous donner : la gloire des hommes eſt de vaincre : celle des femmes eſt de plaire.... En parlant ainſi, ces meres tendres enlaçoient de pampre & de mirthe, les beaux cheveux de ces jeunes Vierges, & donnoient aux plis de leur voile, le jeu le plus favorable au caractère de leur beauté..... Cette induſtrie des meres Samnites, étoit un acte de piété ; & la galanterie elle-même, employée au triomphe de la vertu, en prenoit le ſacré caractère.

Ils ſe rendent à l'aſſemblée, où pluſieurs générations de Citoyens, rangées en am-

PRÉFACE.

phithéâtre, formoit le coup d'œil le plus imposant.... On ouvre les fastes de la République : un Héraut lit à haute voix, selon l'ordre des tems, le témoignage que les Magistrats & les Généraux ont rendu de la conduite de ces jeunes Guerriers. Agathis & Parmenon, sont proclamés pour obtenir l'honneur du premier choix. Il fut décidé par acclamation, que l'honneur du second choix n'étoit digne, ni de l'un ni de l'autre. S'ils avoient chacun un objet différent, chacun d'eux obtiendra l'épouse qu'il aime, dit le plus ancien des Juges : s'il arrive qu'ils soient rivaux, la loi du sort en décidera.... Toute l'assemblée applaudit.

On fait avancer Agathis & Parmenon, au milieu de l'enceinte : ils commencent par s'embrasser, & tous les yeux se mouillent de larmes. Tremblans l'un & l'autre, ils hésitent : ils n'osent nommer l'épouse qu'ils ont désirée : aucun d'eux ne croit possible que l'autre ait un choix différent du sien.... C'est Eliane, ce n'est point Céphalide que vous aimez, dit Agathis avec transport..... Ah! s'il est ainsi, nous sommes heureux, embrassez-moi ; vous me rendez la vie..... Au nom d'Eliane & de Céphalide, tout retentit d'applaudissement......

PRÉFACE.

Parmenon & Agathis *furent conduits chez eux en triomphe, & l'on ordonna un sacrifice solemnel pour rendre grace aux Dieux, d'avoir donné à la République, deux si vertueux Citoyens.*

Tels sont les traits sous lesquels un Ecrivain, cité comme un modèle en ce genre d'écrire, a représenté les mœurs d'un Peuple, dont les fastes de l'Antiquité ont consacré la gloire. Tel est, d'après ce Peintre ingénieux, le tableau que j'ai mis sur la scène.

Je sais qu'il n'offre ni ces facéties, que l'on semble regretter, ni cette multiplicité de petits incidens qui forment de jolies caricatures, ni cette variété de situations extraordinaires, par laquelle on croit suppléer à la noble simplicité de ce *vrai beau* qui tient à la seule nature : mais jamais Spectacle ne me parut plus digne de fixer les regards d'un Peuple sensible...... Si je m'étois trompé : mille voix, qui m'avoient indiqué ce sujet avec transport, eussent ajouté à mon erreur.

On me reproche toujours le local que je choisis pour ces sortes de sujets. J'ai prouvé de la maniere la plus claire, dans *ma Dissertation sur le Drame Lyrique*, *

_____

* A Paris, chez la veuve DUCHESNE, rue S. Jacques, au Temple du Goût.

PRÉFACE.

combien ce fujet eût perdu fur le Théâtre ou de la Comédie Françoife, ou de l'Opera. Je ne puis répéter fans ceffe des vérités que l'on combat par fyftême, ou par préjugé. Mille & mille exemples, trop célèbres malheureufement dans l'hiftoire de notre Nation, ont prouvé combien la Vérité eft chez nous lente à triompher. Comment efpérer vaincre l'opiniâtreté de telle claffe d'hommes, qui avant de vous lire s'eft bien promis, ou de vous critiquer, ou de penfer autrement que vous.

Je me bornerai à parler ici très-fuccinctement de deux objets, qui méritent quelques détails.

1°. J'ai fait quelques changemens à cet Ouvrage depuis la premiere repréfentation. Ils confiftent d'abord à avoir fupprimé quelques phrafes dans le rôle d'*Euphémie*, & un récit, par lequel je donnois à croire, qu'*Agathis*, après être retourné au combat, pouvoit s'être trop livré à fon courage, & avoit reçu un coup mortel. La douleur d'*Eumene*, de *Céphalide*, & d'*Euphémie* amenoit un Trio du plus grand effet mufical..... Le Public a paru ne pas aimer ce récit.... Sans doute, parce qu'un récit un peu tragique femble abfolument étranger au *Théâtre Italien*, ou à l'Opéra Comique ; car c'est ainsi que l'on nomme le Théâtre, où l'on joue *Sylvain*, *Lucile*, *Zémire & Azor*, *la belle Arsène*, *les trois Sultanes*, &c. &c., & je sais combien les noms font aux choses.

Quant aux corrections faites dans le rôle d'*Euphémie*, je m'y suis soumis plutôt par respect pour le Public, que parce que je les croyois nécessaires. Il me semble que les discours de cette mere sensible sont une consolation pour sa fille, & contrastent bien avec les élans de la fière *Eliane*. Ce rôle est fait pour intéresser non pas de cet intérêt qui déchire, ou enlève l'ame : mais par ces leçons d'une morale pure & touchante, qu'il n'est pas un seul Spectateur qui ne dût désirer ou les faire entendre à sa fille, à son fils, ou les recevoir de la bouche de parens chers & respectables.

Euphémie disoit, en parlant des Guerriers : *à leur départ, soyez fières, comme la vertu, qui commande : à leur retour, vous serez tendres, comme l'amour qui récompense*. Cette derniere phrase a paru offrir une image des dernieres faveurs du plaisir : on a oublié qu'*Euphémie* parle au nom de la loi, de l'hymen, de la nature. On applaudit dans les *Nimphes de Diane*

PRÉFACE.

à des faillies, où tout respire, je dirois presque, le libertinage ; & l'on prête ce même vernis à une pensée, où toute ame sensible ne pouvoit, & ne devoit voir qu'une image du bonheur conjugal ! Quelles mœurs sont devenues les nôtres !

On a nommé *Euphémie, la Prêcheuse* : Et quels noms la malignité n'invente-t-elle pas ? Pour réponse à ces Critiques, je ne répéterai que ce qu'a dit une Femme connue par son esprit : *Puissent toutes les meres de famille être une Euphémie !*

Peut-être on me reprochera, que dans *la Réduction de Paris*, la Comtesse *de Châtillon*, attaquée dans son Château par les Ligueurs, sauve ses enfans, revient au camp de *Henri IV*, la lance en main, & que dans ce nouveau Drame *Eliane* reparoît aussi le casque en tête..... Mais les motifs sont bien différens.... Mais, comme l'a dit un Journaliste, j'ai ajouté au Conte *un caractère nouveau, celui d'une Samnite dont le cœur brûlant, & l'ame fière réclament contre la Loi en faveur de la nature.... Le but de ce contraste est de faire mieux ressortir l'obéissance paisible du reste de la Jeunesse Samnite.*

J'ai préféré de hasarder cette légère ressemblance, à sacrifier l'éclat, que l'action héroïque d'*Eliane* jette sur son rôle.... Si l'on m'en fait un crime, on ne me surprendra pas : je m'y attends d'avance ; or à quoi ne doit-on pas s'attendre ?

Le second détail dans lequel je dois entrer, est d'assurer, que l'indisposition seule de M. *Clairval* a retardé la seconde représentation de cet Ouvrage. On pourroit encore chercher à jetter du soupçon sur ces délais, & c'est en vérité un sort bien cruel, que celui d'avoir à essayer chaque pas que l'on fait, à calculer chaque phrase que l'on prononce, à interroger chaque être nouveau que l'on rencontre......... On croit vivre toujours dans un bal masqué, où l'on déguise jusqu'à sa voix, où l'Amitié même a besoin d'un signal convenu pour n'être pas méconnue d'elle-même.

Talent malheureux que le nôtre ! Tous les hommes ne se piquent pas de se connoître en peinture, ou en musique : mais tout le monde prétend à l'esprit, ou tout au moins au bon-sens ; retranchement derriere lequel l'amour-propre de tant de Gens se bat en retraite. Ainsi tout est Juge pour le Littérateur. Ainsi, dans une premiere représentation, comptez d'abord les Ennemis, ou les Jaloux de l'Homme de Lettres : comptez ensuite ceux de l'Auteur

PRÉFACE.

de la Musique; supposez enfin les rivalités établies entre les Artistes qui représentent; ajoutez à cette somme d'ennemis déclarés, qui vous attendent le stilet à la main, & la haîne dans le cœur, celle des sots qui ne vous comprennent pas, des ignorans qui appellent de tout à eux-mêmes, & voyez ce qui reste pour vous, en déduisant encore le nombre trop grand de ces hommes, qui n'ont point de sentiment à eux, & qui attendent toujours qu'une main étrangere pousse le frêle ressort qui les fait mouvoir.

Mais à la fin la voix publique l'emporte. Ainsi, malgré le desir que bien des bonnes ames auroient eu de faire croire que la seconde représentation *des Mariages Samnites* avoit été retardée par les défauts même de la Pièce; on saura, on croira très-fermement, que la seule maladie d'un Artiste estimable, en a été cause. M. *Clairval* m'a écrit à ce sujet, des Lettres pleines de sentimens & de regrets. Quel homme assez vil, pour trouver dans son cœur des raisons de ne croire pas au cœur d'un homme qui lui ouvre son ame, & qui lui dit: voyez-la toute entiere....? Ah! mes amis le savent bien.... Je ne suis pas, je ne serai jamais cet homme là.

PRÉFACE.

Comment d'ailleurs fuppofer que l'ouvrage même le plus foible pût n'avoir qu'une repréfentation, étant étayé de la Mufique de cet homme célefte, qui n'a point dit, comme tant d'autres, étonnons par une harmonie favante ; mais qui a dit : » Ne négligeons jamais le plus petit dé- » tail : en fait de fentiment, tout eft pré- » cieux. Parlons à l'ame : foyons favans, » mais jamais au détriment de la fenfibi- » lité ; c'eft le cœur qu'il faut étonner. » Que le connoiffeur qui admire & juge » *Sacchini* ; que l'homme forti des mains » de la nature, jouiffent également tous » deux par ivreffe, & jamais par calcul «.

Voilà ce que M. *Gretry* s'eft promis de lui-même, & voilà ce qu'il a fçu tenir d'une maniere fi folemnelle. Artifte ingénieux & fublime, tu ignores au moment où j'écris ; quel tribut mon amitié te paye, plus encore que mon admiration ? C'eft en te voyant, au fein de tes foyers, que l'on comprend fans peine, comment ton ame créa ce Quatuor délicieux ;

Où peut-on être mieux,
Qu'au fein de fa famille ?

Que ta noble fimplicité me pardonne, d'ofer te louer..... Eh ! quel fujet heu-

PRÉFACE.

reux, traitera l'Homme de Lettres, pour fe dédommager des peines qu'il éprouve, fi ce n'eft l'éloge de ce qu'il aime? Et d'ailleurs, n'ai-je pas, en parlant de toi, trouvé le vrai moyen de n'avoir ni contradicteurs, ni jaloux ?

APPROBATION.

J'AI lu, par ordre de M. le Lieutenant-Général de Police, *les Mariages Samnites*, Drame Lyrique en trois Actes; & je n'y ai rien trouvé qui m'ait paru devoir en empêcher ni la repréfentation, ni l'impreffion. A Paris, ce 14 Mai 1776.

CRÉBILLON,

Vu l'Approbation, permis d'imprimer, ce 25 Mai 1776.
ALBERT.

ACTEURS.

AGATHIS.	M. Clairval.
PARMENON.	M. Julien.
EUMENE, père d'Agathis.	M. Narbone.
CÉPHALIDE.	Mde. Trial.
ÉLIANE.	Mlle Colombe.
EUPHÉMIE.	Mde. Moulinghen.
LE CHEF DES VIEILLARDS.	M. Meunier.
LE GÉNÉRAL.	M. Labuffiere.
DEUX JEUNES SAMNITES.	Mlles. Dufayel. Desbroffes.
VIEILLARDS.	
GUERRIERS.	
JEUNES SAMNITES.	
SOLDATS.	

La Scène se passe dans la Capitale de Samnium.

LES

LES MARIAGES SAMNITES,
DRAME LYRIQUE.

ACTE PREMIER.

Le Théâtre repréſente un vaſte Amphithéâtre, ombragé par de très-hauts arbres plantés en demi-cercle ; ſur le devant de la Scène ſont quelques bancs de gazon, pareils à ceux des gradins de l'Amphithéâtre ; ceux-ci, ſoit ſur les côtés, ſoit dans le fond, laiſſent de grands eſpaces pour l'entrée & la ſortie des différens Perſonnages de la Pièce. Quand la Toile ſe lève, on voit Agathis & Parmenon entrer en ſe tenant par la main, & n'ayant ni caſque ni épée.

SCÈNE PREMIÈRE.
AGATHIS, PARMENON.

AGATHIS.

Quel jour que celui-ci, mon cher Parmenon, pour la jeuneſſe Samnite ! Une Épouſe à mériter

A

& l'Ennemi à combattre. Le jour fixé chaque année pour la cérémonie des mariages, devenu par la jalousie des Romains celui d'une bataille, quelle époque pour la République !

PARMENON.

Cher Agathis, que tu vas être heureux ! La Loi n'accorde l'honneur de choisir entre les plus belles Samnites qu'aux guerriers dont les exploits ont effacé ceux de leurs rivaux ; & la Nature a voulu qu'aucun guerrier ne te fît craindre d'être vaincu par lui, & qu'aucune belle ne craignît d'être l'objet de ton choix.

AGATHIS.

Ami, que tant d'orgueil est loin de ma pensée ! Si je pouvois te révéler;... mais la loi nous défend le premier des plaisirs de l'Amitié, celui des confidences mutuelles ; & mon cœur me dit combien cette institution est sage.

PARMENON.

Tu la crois telle. Ah ! nous sommes peut-être le seul peuple chez lequel deux Amans n'ont pas le droit de s'interroger, & de se répondre avant que d'être époux. Quel silence ! combien il en coûte à l'amour !

(ARIETTE.)

Quelle âme peut brûler toujours,
Et toujours souffrir, & se taire ?

Loin de l'objet qui fait nous plaire ;
L'ennui confume nos beaux jours.

L'efpoir rend aux Amans l'innocence plus chère ;
Le cœur languit fans fon fecours.

Quelle âme peut, &c.

Je le verrai, l'objet que j'aime,
Sans ofer lui peindre mes feux.
Je dois, trop cruel à moi-même,
Fléchir fous mon fort rigoureux.
Ah ! cher Ami, dis-moi donc, quand on aime,

Quelle âme peut, &c.

AGATHIS.

Et crois-tu donc qu'ici nos cœurs ne fe comprennent pas ?

PARMENON.

Mais le doute.....

AGATHIS.

Raifon de chercher à paroître plus aimable.

PARMENON.

Mais la crainte.....

AGATHIS.

Leçon pour apprendre à mieux aimer.

PARMENON.

Mais la contrainte.....

AGATHIS.

Sauve-garde, & pour la foibleffe qui en diroit

trop, & contre l'inconstance qui peut-être en auroit trop appris.

PARMENON.

Cher ami, tu me persuades, sans me convaincre. D'ailleurs tu es plus heureux que moi ; la loi ne te défend pas d'épancher ton secret dans le sein d'un père..... Si le mien vivoit encore ;... mais les Dieux m'en ont privé :.... si du moins, je n'avois point à craindre.....

AGATHIS.

Achève.

PARMENON.

Aimes-tu ?

AGATHIS.

Ah! j'aime trop la gloire pour ne pas aimer la beauté.

PARMENON.

Et si nous étions rivaux ?... La première fois que je vis celle que j'aime.....

AGATHIS.

Parle.

PARMENON.

Te peindre ses traits, ce seroit te la nommer.

AGATHIS.

Me les taire, c'est peut-être la nommer encore....

SAMNITES.
DUO.
AGATHIS.
C'est en ces lieux
Que ses beaux yeux....
PARMENON.
Quoi ! dans ces lieux
Frappés tous deux !
AGATHIS.
Elle étoit là, sous cet ombrage.....
PARMENON.
Elle étoit là, sous ce feuillage.....
TOUS DEUX.
Celle qui peut me rendre heureux.
AGATHIS.
Le rossignol, sous ce bocage,
La célébroit dans son ramage ;
Croyant voir ou Flore ou l'Amour.
PARMENON.
Tel il commence son ramage,
Quand le printems est de retour.
AGATHIS.
Mais si ton cœur fait en ce jour
Qu'au même objet le mien s'engage ?
PARMENON.
Rivaux ou non, dans ce beau jour
A l'Amitié rendons hommage.
TOUS DEUX.
Reçois nos vœux, tendre Amitié,
Nous chérirons toujours tes chaînes ;

Dans mes plaisirs & dans mes peines,
Ami, sois toujours de moitié.

PARMENON.

Mais j'apperçois ton père... je te laisse avec lui : c'est le seul plaisir que je me permette de t'envier,

(*Il sort*).

SCENE II.

AGATHIS, EUMENE,

EUMENE.

EH bien, mon fils, voici le jour; le jour tant desiré, le voici.

AGATHIS.

Oui, mon père. Il sera le dernier de ma vie, ou jamais guerrier Samnite n'aura cueilli plus de lauriers.

EUMENE.

Fort bien. Il me souvient du jour où je méritai d'obtenir ta mère : mon père me serroit dans ses bras, & nos adieux furent les mêmes que ceux que je reçois aujourd'hui de toi. Il fut un tems où plus d'un père, jaloux de mon bonheur, me disoit en raillant qu'un jour ta sensi-

bilité nuiroit à ton courage; ta valeur m'a bien vengé de leurs soupçons; mais aujourd'hui je remarque en toi une chaleur plus brûlante.....
Quel sentiment te l'inspire?

AGATHIS.

Quel sentiment!... Ah! mon père, il cesseroit de m'être aussi cher qu'il me l'est en effet, s'il pouvoit être un secret pour vous.

(ARIETTE.)

Quand mon cœur vole à la victoire,
Une amante, un père ont mes vœux :
Vainqueur heureux,
J'ose le croire :
Je suis digne enfin de tous deux.
O Mars ! je t'entends ... & je veux
Servir & l'Amour & la Gloire.

EUMENE.

L'Amour & la Nature ! Je vois bien que tu ne veux pas céder la victoire sans la disputer...
Et cet objet chéri, c'est?

AGATHIS.

Céphalide.

EUMENE.

Céphalide;... mais plus d'une fois je l'ai remarquée entre toutes les Beautés Samnites. Elle est belle.

AGATHIS.

Belle ! belle comme la gloire.

LES MARIAGES

EUMENE.
Je crois la voir.

DUO.

EUMENE.
D'une Nymphe elle a le corfage.

AGATHIS.
Nymphe qui lui reffemble en a bien plus d'orgueil.

EUMENE.
Et fa démarche !

AGATHIS.
Et fon coup d'œil !
Mars lui doit fon courage,
Le tendre Amour lui doit fes traits.

EUMENE.
Flore au printems a moins d'attraits.
Et fon teint !

AGATHIS.
C'eft la rofe.

EUMENE.
Rofe d'amour.

AGATHIS.
A peine éclofe.

EUMENE.
Hier, fa voix émut mon cœur.

AGATHIS.
La voir, l'entendre, ah ! quel bonheur !
Céphalide, qu'Amour t'engage.

SAMNITES.

EUMENE.
Mais tu parois oublier tes Rivaux.

AGATHIS.
Qu'elle m'aime.

EUMENE.
Ils ont du courage.

AGATHIS.
De l'amour le mien est l'ouvrage.

EUMENE.
L'honneur, mon fils, en fera des héros.

AGATHIS.
L'amour, mon père, en fera mes égaux.

TOUS DEUX.
O Dieux ! protégez cette flâme ;
Ce cœur si pur vous est connu :

Un père, hélas ! guide $\begin{Bmatrix} mon \\ son \end{Bmatrix}$ âme ;

Et de l'amour naît la vertu.

EUMENE.
Tu le vois ; jamais je n'éprouvai une joie plus pure. Je me sens presque aussi jeune que toi, & pour être témoin des prodiges de valeur, auxquels je m'attends, je reprends aujourd'hui les armes, & je te suis au combat.

AGATHIS.
Qu'entends-je ?... à votre âge ! vous exposer encore !

LES MARIAGES

EUMENE.

(ARIETTE.)

Au cri de la nature
La gloire unit le tien ;
Une mort obscure
Seroit une injure
Pour un cœur tel que le mien.

Qu'importe mon âge ?
Tu vois mon transport :
Va, le vrai courage
Rend toujours assez fort.

Nos vieillards vont me dire,
Eumene, où courez-vous ?
Quelle ardeur vous inspire ?
Mars n'est plus fait pour vous.

Amis, n'arrêtez point un père.
J'étois de vieillesse accablé :
Mon fils en ce jour a parlé ;
Et je rentre dans la carrière :
Tout mon sang s'est renouvelé.

Au cri de, &c.

AGATHIS.

Ah ! mon père, avec quelle joie !

EUMENE.

C'est que lorsqu'on a un fils comme le mien, & une patrie telle que la nôtre, la véritable fête, c'est celle des mariages ; d'aujourd'hui nous ne nous quitterons pas.

SAMNITES.

AGATHIS.

Rien ne m'empêchera de veiller sur vos jours.

EUMENE.

Veille sur nos soldats : ne crains rien pour moi ; mais retirons-nous : voici le moment où toutes les jeunes Samnites vont se rassembler dans ce cirque champêtre ; & tu sais ce que la loi ordonne.

AGATHIS.

Oui, mon père ; mais je sais aussi qu'entre toutes ses compagnes, Céphalide est toujours la première à se rendre où son devoir l'appelle. Si je pouvois seulement l'appercevoir de loin !

EUMENE.

Mon fils, hâtons-nous : on vient.

AGATHIS.

Mon père, me trompé-je ?..... Non, c'est elle.

(*En ce moment, Eumene & Agathis occupent le fond du Théâtre : Euphémie & Céphalide descendent vers l'avant-Scène*).

SCÈNE III.
AGATHIS, EUMENE, EUPHÉMIE, CÉPHALIDE.

CÉPHALIDE.

Ma mère, il est là... M'avez-vous observée ? N'ai-je point rougi ?

EUPHÉMIE.

Ma fille, paroissez au moins ignorer l'avoir vû.

(Pendant que la voix d'Eumene retient Agathis éloigné de Céphalide, elle cache son trouble dans le sein d'Euphémie ; ce qui forme deux Scènes simultanées).

QUATUOR.
AGATHIS.

Je la vois : ah, qu'elle a d'attraits !

EUMENE.

Regarde-là, mais en silence.

EUPHÉMIE.

C'est Agathis ! que de regrets !

CÉPHALIDE.

L'amour enfin me récompense.

SAMNITES.

AGATHIS.
Je sens en ce moment
Dans mon cœur qui palpite
Le trouble heureux du sentiment.

EUPHÉMIE.
Ma fille, quel trouble t'agite ?

CÉPHALIDE.
Qu'il a bien les yeux d'un Amant !

AGATHIS ET CÉPHALIDE.
Quelles douleurs ! à quels tourmens
La loi condamne les Amans !

EUMENE ET EUPHÉMIE.
Quelles douleurs, & quels tourmens
Eprouvent ces tendres Amans !

AGATHIS.
Dans ses yeux si je pouvois lire.

EUMENE.
Mon fils, pense aux droits de l'honneur.

CÉPHALIDE.
Voilez mes yeux.

EUPHÉMIE *abaissant le voile que Céphalide a sur la tête.*
L'honneur t'inspire ;

On s'embellit par la pudeur.

CÉPHALIDE.
Entre vos bras ma voix expire.

EUMENE, *entraînant Agathis.*
Partons ; triomphe de ton cœur.

AGATHIS, *voulant s'élancer vers Céphalide.*
Non, non, que l'amour soit vainqueur.

EUMENE, *l'arrêtant.*
La loi défend....

AGATHIS.
Ah, quel martyre!

EUPHÉMIE.
Cœur trop sensible!

CÉPHALIDE.
Il se déchire,
Je sens en ce moment,
Dans mon cœur qui palpite,
Le trouble heureux du sentiment.

ENSEMBLE.
A quelles douleurs, quels tourmens
La loi condamnent les Amans!

(*Ici Céphalide fixe les yeux sur Agathis; les lève ensuite vers le ciel, avec l'expression la plus vive*).

AGATHIS.
Mon père, elle m'a vû; oui, partons: espérer, ce seroit trop.... un regard, c'est déja beaucoup.

SCÈNE IV.

EUPHÉMIE, CÉPHALIDE.

EUPHÉMIE.

JE commence, ma fille, à n'être plus aussi contente de vous. Vos allarmes, vos espérances... Un trouble continuel altère votre bonheur, & je voudrois que votre âme fît un effort sur elle-même.

CÉPHALIDE.

Ah, ma mère, vous savez si je suis sensible & vous connoissez Agathis.

ARIETTE.

Mon Amant a la noble audace
D'un cœur fier, mais généreux ;
A la valeur il joint la grace ;
Vole aux combats & fuit les Jeux.

Loin de nous, enfant de la Gloire ;
Près de nous, enfant de Cypris :
Sans-rougir Vénus peut le croire,
Tantôt Mars & tantôt son Fils ;
Oui, c'est Mars fixant la Victoire,
C'est l'Amour conduisant les Ris.

Mon Amant a &c.

EUPHÉMIE.

Eh bien, ma Fille, il faut attendre le moment avec autant de tranquilité que de courage.

CÉPHALIDE.

Mais on combat aujourd'hui.

EUPHÉMIE.

Nouveau sujet d'espoir.

CÉPHALIDE.

Mais si j'étois choisie....

EUPHÉMIE.

Céphalide, croyez-vous donc que tous les suffrages se réuniront sur vous ?

CÉPHALIDE.

Je ne dis pas cela. .... Mais s'il arrivoit qu'un Guerrier l'emportât sur Agathis, & que son choix m'eût pour objet ? Malgré moi, ma sensibilité.......

EUPHÉMIE.

Ma Fille, on prend souvent pour elle les erreurs de l'esprit & du goût. Si vous saviez ce qu'est l'Himen chez tant d'autres peuples, vous seriez étonnée des malheurs qu'il fait naître. On aime sans se connoître, ou plutôt on se croit connoître parce qu'on aime. On se hâte de s'unir : le délire cesse bientôt ; on commence par ne
plus

plus s'aimer, on finit par ne pas s'eſtimer davantage.

CÉPHALIDE.

Mais ici l'indifférence....

EUPHÉMIE.

Peut effrayer d'abord, mais du moins la foi publique eſt le garant de l'eſtime que l'on ſe doit l'un à l'autre; &, quand on ne peut rougir de ſe bien connoître, on eſt bientôt fier de s'aimer.

CÉPHALIDE.

Vous m'avez appris à ne ſavoir qu'obéir.

EUPHÉMIE.

Ma Fille, la tâche que la Nature m'impoſa va finir aujourd'hui ; du moins, je l'eſpère. C'eſt la dernière leçon d'une mère ſenſible, & qui toujours fit ſon bonheur du nom de ton amie.

CÉPHALIDE.

La dernière ! Vous m'affligez.

EUPHÉMIE.

Pourquoi donc ? L'Etat te voit aujourd'hui ſous un autre aſpect. L'époux ſuccède à la mère. Tu ne devras plus compte qu'à lui des ſoins que tu prendras pour ſon bonheur. Un jour tu rediras à tes enfans ce que tu as appris de moi ; & leur amour fera ta récompenfe, comme tes vertus font la mienne. Mais déja toutes tes compagnes fe raffemblent. Allons vers elles.

SCÈNE V.
EUPHÉMIE, CÉPHALIDE, ÉLIANE, SAMNITES.

EUPHÉMIE.

Jeunesse aimable, vous favez quel filence la loi vous impofe. L'Hymen eft ici ce que nos cœurs ont de plus faint, comme la Gloire eft ce qu'ils ont de plus doux. L'Amour prix de la Vertu, la Beauté prix de la Valeur; telle eft la bafe de nos mœurs. Ici tous les regards m'annoncent la joie la plus pure...... Vous feule Éliane.....

ÉLIANE.

Vous devez me connoître ; je crois peu au bonheur. Trop de raifons.... Mais je dois encore me taire.... L'efpérance.... (*A part*). Je ne parlerai peut-être que trop-tôt.

EUPHÉMIE.

Abandonnez-vous aux mains qui vous guident & vous ferez heureufes.

ÉLIANE, *à part.*

Heureuses !

(*On entend dans l'éloignement le bruit d'une Troupe en marche.*)

EUPHÉMIE.

Mais on s'avance. Placez-vous dans l'ordre que je vous ai prescrit. La loi veut qu'en ce moment, où les défenseurs de la Patrie partent pour le combat, ils passent tous en revue de vous. Leurs regards vous diront : nous allons ou mourir, ou mériter de vivre pour vous ; à leur retour, l'Etat ordonnera, & vous ne pourrez qu'obéir.... A leur départ, soyez fières comme la Vertu, qui commande.

ÉLIANE, *à part.*

Je vais donc le voir.

(*Toutes les Samnites se placent sur les gradins qui occupent le côté droit du Théâtre ; pendant ce temps on voit dans le fond tous les Soldats de la Nation s'avancer en silence : ils sont suivis par les Vieillards*).

SCÈNE VI.

EUPHÉMIE, CÉPHALIDE, ÉLIANE, EUMENE, AGATHIS, PARMENON, LE CHEF des Vieillards Samnites, LE GÉNÉRAL, SAMNITES, SOLDATS, VIEILLARDS.

LE CHEF DES VIEILLARDS.

Enfans de la Patrie, l'Ennemi est à nos portes, l'Etat est en danger, allez le défendre. Votre sort est entre vos mains : méritez la palme, elle est prête. Ce Cirque auguste est à la fois le temple de l'Honneur & de la Beauté. Le silence vous est ordonné, mais le choix vous est permis. Profitez de ce moment; un coup-d'œil suffit à la valeur quand c'est celui de la beauté.

(*Chaque Guerrier fixe en silence les yeux sur l'objet qu'il aime ; Parmenon regarde Éliane, Agathis & plusieurs autres Céphalide*).

(*Tous les instrumens à vent exécutent ici une symphonie qui sert à peindre la situation des Guerriers*).

AGATHIS *à son père, avec toute l'expression du sentiment, à voix basse.*

Mon père, quelle est belle ! ou vaincre, ou mourir.

EUMENE, *de même.*

Courage, mon fils, courage : il te sied bien d'aimer.
(*Trait de symphonie*).

PARMENON, *de même à part.*

Dès long-tems, je l'avois choisie : je vais enfin la mériter. (*Trait de symphonie*).

LE GÉNÉRAL.

Guerriers, vous avez satisfait à la loi : la Beauté a dû vous comprendre ; marchons.

AGATHIS, PARMENON.

(AIR).

Trompette guerrière,
Annonce les combats :
Mars a dû se taire,
En voyant tant d'appas ;
Trompette guerrière,
Annonce les combats :
La Gloire plus fière
Va guider nos pas.

(*Ici commence la marche de tous les Guerriers Samnites : chacun fixe en passant, celle que son cœur a choisie*).

SCÈNE VII.

EUPHÉMIE, Jeunes Samnites.

EUPHÉMIE.

Ils vont combattre.... c'est à nos vœux à leur obtenir la victoire.

CHŒUR DES JEUNES SAMNITES.

Dieu d'amour,
En ce jour,
Viens avec Mars nous défendre :
Oui, viens défendre
Et tes loix & ta cour.
La Beauté, pour se rendre,
N'écoute que l'honneur :
Et Vénus devient plus tendre,
Quand la gloire ajoute au bonheur.

(*Au moment où la marche finit, les jeunes Samnites suivent de loin les Guerriers, & reviennent ensuite sur la Scène chanter ce Chœur, qu'elles exécutent encore au moment où elles se retirent*).

Fin du premier Acte.

ACTE II.

SCÈNE PREMIÈRE.
ÉLIANE, *seule*.

RÉCITATIF OBLIGÉ.

Où vais-je ? Quel transport m'égare ?
Cher Amant, viens au moins dans ces momens d'horreur
    Entendre la voix de mon cœur.
Qu'ai-je dit ? Loin de moi le devoir trop barbare...
Ah ! si je l'avois vu pour la dernière fois !...
    Quels tourmens le fort me prépare !
Ah ! cruel, du Dieu Mars tu n'entends que la voix.
Qu'a-t-il donc de si cher ce Dieu qui nous sépare ?
    Eh ! l'Amour a-t-il moins de droits ?
Nœuds chers & malheureux !... je sens couler mes larmes.
    Si la mort.... mais c'est trop languir :
Frappez, cruels ; mon cœur est sans allarmes ;
    Contre mon sein tournez vos armes ;
Dieux ! à lui, malgré vous, je veux me réunir.

(AIR.)

O fort ! par tes noires fureurs
Tu crois triompher de mon âme ;

LES MARIAGES

Mais assez j'ai versé des pleurs ;
Ce cœur saura venger sa flâme.

Dieux cruels, tonnez en ce jour ;
Rien ne pourra briser ma chaîne.
Un seul objet a mon amour,
Et tout le reste aura ma haine.

Ah ! ma voix n'est point entendue..... & l'on me défend la plainte, & je n'ose me livrer au désespoir qui m'accable.

SCÈNE II.
ÉLIANE, CÉPHALIDE.

ÉLIANE.

CÉPHALIDE elle-même est insensible à ma douleur.

CÉPHALIDE.

Injuste amie, de quoi m'accuses-tu ? Tu fuis de mes bras, je te cherche & ne te retrouve que pour t'entendre douter de ma tendresse. Ta douleur m'effraye. Oublies-tu que toutes nos compagnes vont rentrer dans ce cirque.

ÉLIANE.

Ah, qu'il me tarde de les y voir ! Comme

elles me verront détester l'esclavage auquel on nous réduit !

CÉPHALIDE.

C'est une loi si respectée !

ÉLIANE.

Tu la défens ! Eh bien, interroge donc ton cœur. Tu aimes, sans doute ; & si ton amant me préféroit à toi, ou si tu enlevois celui de ton amie ?...

DUO.

CÉPHALIDE.

Éliane, que m'as-tu dit ?

ÉLIANE.

C'en est assez ; ton cœur frémit.

CÉPHALIDE.

Eliane, d'une loi sainte
Laisse-moi respecter les droits.

ÉLIANE.

Un amour sans art & sans feinte,
Telle est la première des loix.

CÉPHALIDE.

On nous défend la plainte.

ÉLIANE.

On nous apprend la feinte.

CÉPHALIDE.

La loi la plus fainte....

ÉLIANE.

C'eft l'amour & l'efpoir.

CÉPHALIDE.

Éliane, penfe au devoir.

ÉLIANE.

Quoi, pour jamais perdre l'efpoir!

CÉPHALIDE.

Mon cœur aime : mais dans mon âme
Toujours mon fecret reftera.

ÉLIANE.

Mon orgueil eft né de ma flâme :
Ma voix bientôt l'annoncera.
Cher amant, que n'es-tu là !
Comme je te dirois, je t'aime !

CÉPHALIDE.

Si l'amant que j'aime, étoit là,
Mon filence feroit le même.

ÉLIANE.

Peut-être on te le ravira.

CÉPHALIDE.

La vertu me confolera.

ÉLIANE.

Mais ton cœur gémira :
Toujours il languira.

CÉPHALIDE.
La vertu me confolera.
ÉLIANE.
Pour un autre il vivra :
Ton fort t'accablera.
CÉPHALIDE.
La vertu me confolera.
ÉLIANE.
Eh ! pour fe confoler, il faudroit un bien égal à celui que l'on a perdu. Eh ! qui me plairoit comme toi, Guerrier fenfible, ami fidèle ?....
Ta jeuneffe, tes graces, ta valeur....

CÉPHALIDE.
Éliane, quel portrait !... je n'en puis douter : c'eft lui !
ÉLIANE.
Qui ? lui !
CÉPHALIDE.
Fuis-moi, ou ceffe de m'en parler davantage. Son nom alloit fortir de ta bouche : mon cœur s'ouvroit à toi ; mon fecret m'eût échappé, & je ceffois de le mériter. Ton amant, ou le mien, peut-être dois-je dire le nôtre, rougiroit pour nous de notre foibleffe.... Ne m'interroge plus.
ÉLIANE.
Mais que crains-tu ?... Nous fommes feules.

CÉPHALIDE.

Tu te trompes : il eſt entre nous deux, un témoin terrible ?

ÉLIANE.

Et quel témoin ?

CÉPHALIDE.

La loi.

ÉLIANE.

Comme ils nous ont aſſervies ſans pitié, ces hommes injuſtes qui veulent, diſent-ils, nous devoir leur bonheur ! Ce n'eſt pas aſſez de nous ravir à ce que nous aimons ; on nous donne à celui que peut-être nous devons haïr.

CÉPHALIDE.

Quand même notre ſort feroit en effet malheureux ; eſt-ce, mon Éliane, eſt-ce en irritant ſa bleſſure que l'on parvient à la rendre moins douloureuſe ? On vient. Ah, chère amie, promets-moi de ne point troubler ce jour ſi auguſte.

ÉLIANE.

Céphalide, ſi les droits de nos maîtres ſont devenus ſacrés, ceux de mon cœur le font, ſans doute, bien autant. Je ne te promets rien. Sais-je ce que je puis me promettre à moi-même ?

SCÈNE III.
ÉLIANE, CÉPHALIDE, EU-PHÉMIE, SAMNITES.

EUPHÉMIE.

Filles Samnites, le moment de la fierté est passé, celui de la tendresse approche. Si la Patrie avoit un bien plus cher que vous, un prix plus digne d'être le garant de sa reconnoissance, nos défenseurs le recevroient d'elle. Que j'aime à voir quels soins vous avez pris d'ajouter à votre parure ! Heureuse destinée que la nôtre ! D'abord nos devoirs pour plaisirs ; & nos plaisirs ensuite pour devoirs.

(Toutes les Samnites paroissent occupées d'ajouter à leur parure ce qu'elles croyent être plus analogue à leur beauté).

VAUDEVILLE.
Premier Couplet.

UNE JEUNE SAMNITE, *venant de cueillir des Roses, & en plaçant quelques-unes dans ses cheveux.*

Pour les placer dans mes cheveux,
Zéphir, je t'ai volé ces Roses ;

Je les dérobe à peine écloses ;
C'est un emblême de mes vœux.
La parure la plus modeste
Parle mieux à l'œil du desir :
Aux fleurs je puis joindre un soupir,
Et mon regard dira le reste.

II.

EUPHÉMIE *attachant elle-même un voile de gâze sur la tête d'une jeune Samnite.*

Que d'attraits prête à la pudeur
Le secours d'un voile de gâze !
Par degrés si le cœur s'embrâse,
Un peu d'art sied à la candeur.
Quand tout trahit, un mot, un geste ;
Sous la gâze Amour semble fuir ;
Sans crainte alors il peut rougir ;
Et l'Amant devine le reste.

III.

UNE TRÈS-JEUNE SAMNITE.

Si jeune encor, comment savoir
D'où peut naître une heureuse flâme ?
J'entends déja parler mon âme ;
Le desir s'unit à l'espoir.
Ne peut-on, coquette & modeste,
Réunir tout ce qui séduit ?
Formez mon goût & mon esprit ;
Mon jeune cœur fera le reste.

IV.

CÉPHALIDE, *refusant des fleurs, de la*

gâze & des rubans, qu'on lui offre pour ajouter à sa parure.

>Toute fleur naît avec son fard :
>Telle on doit être quand on aime.
>La beauté, c'est l'amour lui-même :
>Aimer, peut-il donc être un art ?
>Le sentiment, ce don céleste,
>Suffit lui seul pour embellir :
>Si mon cœur m'apprit à sentir,
>Le tendre amour fera le reste.

V.

ÉLIANE, *prenant un arc, un carquois & des flèches.*

>Si, pour enchaîner des Guerriers,
>Il ne faut que l'œil d'une Belle,
>Des myrthes sont trop peu pour elle ;
>Il lui faut encor des lauriers.
>Notre sort est un joug funeste :
>Que n'avons nous l'honneur du choix ?
>La gloire assureroit nos droits,
>Et la beauté feroit le reste.

EUPHÉMIE.

Éliane, vous semblez vous plaindre de notre partage ; & tout dans la nature naît ou existe pour nous plaire. Voyez-les, ces hommes qui font tout trembler : s'ils combattent, c'est pour nous mériter ; s'ils chantent, c'est la beauté. Ils ne donnent des fers que pour en recevoir. Qu'il naisse une femme de plus, c'est un Souverain de plus dans le monde.

ÉLIANE.

Il se peut qu'il y ait des Nations où notre sexe jouisse de cette gloire; mais nous, qui sommes le prix des combats.....

EUPHÉMIE.

Dites des services rendus à la Patrie; comptez-vous d'ailleurs pour rien le soin qu'elle prend de vous choisir un Époux?

ÉLIANE.

Ou plutôt un Maître, jaloux de commander au cœur qui souvent dédaigne de lui commander à son tour. Quelles sont nos armes? La force est pour lui.

EUPHÉMIE.

La tendresse est pour nous.... Nos armes?.... comment les méconnoître? comment douter de leur triomphe? comme si dans les femmes, la douceur n'étoit pas le premier des charmes? comme si l'on devoit craindre un Maître que souvent un enfant désarme, qui versera quelque jour les larmes d'un père, & qui d'avance a mérité le choix de la Patrie?

ÉLIANE.

ÉLIANE.

Et si mon cœur a choisi avant elle ! qui sait mieux que lui ce qui peut faire son bonheur ? Si je suis née avec un courage au-dessus de mon sexe ; si ma main ne craint point de porter les armes, & mon cœur, de braver la mort, quel homme a le droit de me prévenir par son choix, plutôt que d'attendre le mien ? Votre loi est injuste autant que cruelle. C'est l'orgueil qui l'imagina ; c'est l'orgueil qui la défend.

EUPHÉMIE.

Éliane, qu'osez-vous dire ?

ÉLIANE.

Ah ! si dès notre enfance on ne nous avoit point accoutumées à n'oser penser & sentir d'après nous mêmes, nous réclamerions nos droits, ou plutôt ceux de la Nature ; & si nos Maîtres osoient prétendre à nous forcer d'obéir, le mépris seroit notre réponse, & le courage notre vengeur.

EUPHÉMIE.

Fille rebelle aux Loix, quel transport coupable vous égare ?

ÉLIANE.

Coupable !..... Il ne peut l'être. J'aime, & la vertu justifie mon choix. On combat en ce moment, & je n'ai pu lui parler; & le malheur, ou la Loi, peuvent nous séparer pour jamais.

(ARIETTE)

O toi que j'aime,
Viens m'armer toi-même.
Oui, ton danger sera le mien;
Viens apprendre combien je t'aime !
De mon feu doit naître le tien.

Que la tendresse nous rassemble,
Si la Loi veut nous désunir :
Ah! quand on ne peut vivre ensemble,
Ensemble au moins, on doit mourir.

O toi que j'aime, &c. &c. &c.

CHŒUR.

EUPHÉMIE.

Retirez-vous, fille coupable ;
Vous osez outrager nos Loix.

LE CHŒUR.

L'Amour lui seul la rend coupable :
Sur vous nos pleurs auront des droits.

EUPHÉMIE.

A l'honneur d'un choix favorable
Vous avez perdu tous vos droits.

LE CHŒUR.

Sur vous nos pleurs auront des droits.

SAMNITES.

ÉLIANE.

J'ai perdu ma gloire & mes droits :
Ce cœur si fier enfin soupire :
Mais l'Amour en a plus d'empire.

LE CHŒUR.

Éliane, que vas-tu dire ?

ÉLIANE.

Et sa flamme vaut bien vos Loix.

LE CHŒUR.

Ah ! respecte du moins nos Loix.

ÉLIANE.

Quelle douleur !

LE CHŒUR.

O tendre mère.

ÉLIANE.

Que dois-je faire ?

LE CHŒUR.	EUPHÉMIE.
O tendre mère, Voyez les pleurs de l'Amitié : Elle vous fut, hélas ! si chère ; De sa douleur, prenez pitié.	Que puis-je, hélas ! pour l'Amitié ? La Loi me défend la pitié.

CÉPHALIDE.

Je sais mourir : point de pitié,
Je sais mourir, &c. &c.

(*Après le Chœur, Éliane se retire précipitamment*).

SCÈNE IV.

CÉPHALIDE, EUPHÉMIE, JEUNES SAMNITES.

CÉPHALIDE.

Que va-t-elle devenir ?..... ô ma tendre mère !

EUPHÉMIE.

J'espère encore : je connois bien son ame. La Loi lui laisse un dernier espoir, au moment même où elle la prive des droits de Citoyenne. Une faute les lui fait perdre, un trait de vertu peut les lui rendre, & son courage ne l'abandonnera pas.

(*On entend ici du bruit vers un des côtés de la Scène. Euphémie continue*).

Mais qu'entens-je, & que vois-je ? des Soldats !.... leurs regards expriment la douleur ! les Romains seroient-ils vainqueurs ?... Retirons-nous..... Lieux, tant de fois témoins de notre allégresse & de notre gloire, le seriez-vous aujourd'hui de notre douleur & de notre honte ?

(*Les Jeunes Samnites se retirent vers la fin de cette Scène, au moment où plusieurs*

Soldats entrent, & préparent pour Eumene un banc de gazon).

SCÈNE V.

EUMENE, AGATHIS, SOLDATS.

EUMENE, *soutenu par Agathis & par un Soldat.*

J'avois trop compté sur mes forces, ma vieillesse m'a trahi. Le poids de mon corps t'accable.

AGATHIS.

Ah ! mon père, jamais fardeau ne fut plus cher.

EUMENE *se plaçant sur le banc de gazon.*

Je respire enfin. Tu m'as rappellé à la vie. Cher & tendre fils, je cherchois la gloire, & j'ai détruit la tienne.

AGATHIS.

La détruire !...... que me dites-vous ? Elle étoit de sauver vos jours. En quel état, ô ciel, je vous ai vu renversé sur la poussière, ayant perdu l'usage des sens, prêt à être foulé aux pieds ! & je n'aurois point tout quitté pour voler vers vous ? (*avec le plus grand enthousiasme*). O ma Patrie, si c'est-là vous trahir, gardez vos récompenses, & laissez-moi ma tendresse.

EUMENE.

Mais, Céphalide?... Tes rivaux, en ce moment, se surpassent pour la mériter.

AGATHIS.

Eh! ne la perdois-je pas également? De quel œil m'auroit-elle vu?.... Un fils dénaturé peut-il être époux fidèle & père tendre? Céphalide... Ah! mon père, pourquoi me l'avez-vous nommée? Je l'oubliois presque dans vos bras. Que dis-je? Pardonnez, je parois me repentir, j'offense la nature. Mon père, le sacrifice seroit-il digne de vous, s'il exigeoit moins de courage?

EUMENE.

Ah! mon fils, que ce moment m'est cher & cruel! Le bonheur de ma vie fait le malheur de la tienne?

(*On entend un bruit assez grand*).

AGATHIS.

Quel bruit se fait entendre? Que vois-je? Ils ont pris la fuite! jour de honte & de calamités!

SCÈNE VI.
EUMENE, AGATHIS, SOLDATS.

AGATHIS *se jettant au-devant des Soldats, & les empêchant de traverser le Théâtre.*

Où courez-vous ? Arrêtez, reconnoissez Agathis.

(ARIETTE. *Aux Soldats, qui, pendant ce moment, se sont rangés en bataille. Il met l'épée à la main*).

> Soldats, l'Honneur vous rappelle.
> Vous, fuir ! Vous trahir ses loix !
> Suivez un guide fidèle,
> Venez combattre à ma voix.

(*Ils sortent*).

EUMENE, *pendant que les Soldats défilent.*

Dieux ! si la voix d'un Père est entendue par vous, combattez pour lui, & rendez-nous la victoire.

(*Il sort soutenu par deux Soldats*).

Fin du second Acte.

ACTE III.

SCENE PREMIERE.
CÉPHALIDE, *seule.*

(ARIETTE.)

Dieu d'amour, pour une âme tendre
N'est-il jamais de vrai bonheur ?
Pardonne aux pleurs que tu me vois répandre :
Si l'Amitié me trouve hélas ! si tendre ;
As-tu moins régné sur mon cœur ?

Tendre Amitié, c'est par toi qu'une Amante
Devroit goûter le repos qui la fuit ;
Et par-tout la crainte me suit,
Et mon effroi me rend presque mourante.

Dieu d'amour, pour, &c.

SCENE II.
CÉPHALIDE, EUPHÉMIE.

EUPHÉMIE.

Quoi, notre aîle droite avoit été mise en fuite, Agathis reparoît dans nos rangs, & l'ennemi est repoussé ; tous nos guerriers sont revenus victorieux, nous n'avons plus à craindre, & ma Céphalide se plaint encore !

CÉPHALIDE.

Ah ! son bonheur est assuré ; & peut-être vais-je perdre le mien pour jamais.

EUPHÉMIE.

Ma fille, si l'Amour vertueux ne donne pas la paix du cœur, qui donc la donnera ?

(ARIETTE.)

L'Amour folâtre alors qu'il blesse :
C'est un enfant, ami des jeux ;
Il veut banissant la tristesse,
Toujours régner sur des heureux.
C'est par ses biens qu'il intéresse.
Pourquoi changer ses ris en pleurs ?
Le plus grand art de la sagesse
Est d'ajouter à ses faveurs.

L'Amour folâtre, &c.

Tu le vois combien nos loix sont douces ;
même dans la bouche d'une mère ! Allons,
sois donc plus tranquille.

CÉPHALIDE.

Je ne le puis. Ma chère Éliane a disparu. La
honte qu'elle a subie lui aura rendu la vie odieuse.... Éliane, cruelle amie, tu n'as pensé qu'à
ta douleur. Devois-tu oublier la mienne ?

EUPHÉMIE.

Cet évènement est encore un secret pour les
chefs de nos Guerriers. Cache tes pleurs. L'assemblée générale de la Nation va bientôt paroître.... Je vais au-devant de tes compagnes ; je
ne te quitte que pour un instant.

(Elle sort).

SCENE III.

CÉPHALIDE, <i>seule</i>.

Nouveau sujet d'alarmes : Juges de la
Nation, si vous condamniez Agathis ; & toi,
cher Agathis, si pouvant me choisir tu te nommois une autre épouse. Et je serois forcée d'applaudir à ton choix, je ne puis soutenir cette
idée..... Mais on vient..... Ah ! renfermons

SAMNITES.

notre secret; &, si le sort l'ordonne, soyons malheureuse, & non pas coupable.

(Euphémie rentre à la tête des Samnites & se place, avec elles, sur un des côtés du Théâtre : Eumene, le Général & le Chef des vieillards Samnites paroissent aussi-tôt, suivis des Vieillards qui vont s'asseoir sur le Tribunal des Juges, derrière lequel se placent des Soldats qui tiennent les drapeaux enlevés à l'Ennemi, tandis que d'autres Soldats occupent un des côtés du Théâtre. Eumène se place sur le devant de l'Assemblée, mais cependant au-delà des barrières qui ferment alors l'avant-Scène).

SCENE IV.

CÉPHALIDE, EUPHÉMIE, SAMNITES, LE CHEF des Vieillards Samnites, LE GÉNÉRAL, SOLDATS, VIEILLARDS.

LE CHEF.

Citoyens, nous avons parcouru les Fastes de la Nation, & nous avons remarqué avec joie qu'entre ces jeunes Guerriers plusieurs ont déja fait des actions, qui nous promettent de les voir un jour égaler les plus célèbres de nos Héros; mais graces aux Dieux & à nos Loix, aucun de vous n'auroit même l'idée d'être récompensé de n'avoir fait que son devoir. Trois Guerriers ont seuls mérité d'être nommés par préférence à tous les autres. Ecoutez ce qu'a fait le premier : Offensé par un des nôtres, loin de chercher à le combattre seul à seul : vos jours, lui a-t-il dit, appartiennent à l'Etat, & sur-tout un jour de bataille ; je ne méritois pas un outrage, mais voici mon défi. Voyons qui de vous ou moi ira enlever, au milieu des rang ennemis, l'étendard même de leur Général ; si je l'enlève, je suis assez vengé.... Le défi est accepté, la bataille commence, les deux rivaux s'élancent. Au milieu de la mêlée, le Guerrier que nous avons à récompenser, voit son rival prêt à périr : il vole à son secours, poignarde l'ennemi qui levoit le fer sur lui, l'embrasse & court enlever l'étendard du Général ennemi. Ce Guerrier, c'est Parmenon.... Qu'il s'avance.

(*Tous les Instrumens Militaires forment une Fanfare , pendant laquelle Parmenon s'avance au milieu du Cirque*).

SCENE V.

PARMENON, CÉPHALIDE, EUPHÉMIE, SAMNITES, LE CHEF des Vieillards Samnites, LE GÉNÉRAL, SOLDATS, VIEILLARDS.

LE CHEF.

PARMENON, voici l'inftant enfin, où la Patrie va vous récompenfer d'une manière digne d'elle & de vous.... & je dois hâter ce moment fi cher..... Citoyens, un fecond Guerrier eût difputé à Parmenon l'honneur du premier choix. L'aîle droite de notre armée étoit victorieufe, en fuivant le Général lui-même. Un Romain fe fait jour dans nos rangs, profite du moment où il fe détourne pour donner quelques ordres, & va le percer de fon javelot. Un Guerrier Samnite le voit, fe précipite au-devant du coup... Il périffoit fi les Dieux n'avoient permis que le fer du Javelot fe fût rompu fur fa cotte-d'armes. Inftruit de cette action, j'ai déja fait proclamer que celui qu'elle rendoit fi digne de notre admiration, eût à fe nommer ; mes recherches ont été inutiles. Sans doute, il aura péri avant la fin du combat ; mais dès demain nous nous occuperons de savoir quel est son nom, & notre reconnoissance consacrera sa mémoire. Il ne nous reste plus qu'un guerrier à nommer. Coupable & vertueux, tout ensemble, il peut tout espérer, & tout craindre.... C'est Agathis.... Qu'il s'avance.

(*Agathis s'avance dans le Cirque. Céphalide tombe dans les bras d'Euphémie, qui paroît l'aider à cacher son trouble; Pantomime très-nécessaire, en ce moment*).

SCENE VI.

AGATHIS, CÉPHALIDE, EUPHÉMIE, SAMNITES, LE CHEF des Vieillards Samnites, LE GÉNÉRAL, PARMENON, SOLDATS, VIEILLARDS.

LE CHEF.

Vous allez proclamer auquel des Guerriers vous décernez l'honneur du premier choix. Agathis nous a rendu la victoire : mais devoit-il quitter son poste ? Il exposoit la République en la sacrifiant, & l'Ennemi n'a que trop sçu profiter de fa faute. Mais je n'ofe prononcer fur fon fort, & c'eft à vous à le juger.

EUMENE.

Ah, laiffez-moi vous détailler tout: fi l'effort, qui coûte le plus à la Nature eft auffi le plus vertueux, écoutez-moi avant de prononcer. Eh! quel autre père doit défendre les droits de fon fils ?

LE CHEF.

C'eft moi, oui moi, qui les défendrai : affez j'ai fait parler la Loi : il eft temps que la nature triomphe......Oui, Citoyens, Agathis oublia l'Etat pour fon père, mais fon père alloit périr. Il tombe au milieu de la mêlée ; Agathis s'ouvre un paffage, l'enlève dans fes bras ; & bientôt, oubliant fon père pour la patrie, il retourne au combat, & notre vengeance eft affurée.... Voudriez-vous condamner à la douleur ce Vieillard, qui combattit lui-même pour vous fi fouvent ? Voudriez-vous couvrir d'opprobre fa vieilleffe, & qu'il dife en defcendant au tombeau : mon fils feroit heureux, s'il m'avoit moins aimé ? Interrogez vos cœurs, & voyez qui de vous, dans un pareil moment, refuferoit d'être ou père auffi heureux ou fils auffi fenfible.

LE CHŒUR.

Agathis, Agathis !
De ses vertus qu'il ait le prix.

AGATHIS.

Sages Vieillards, vous jugez quel sentiment pénètre en cet instant mon ame. Qu'il me seroit doux de n'avoir plus de rivaux à craindre ! Mais si la générosité seule doit mériter le prix en ce moment, ce n'est point à moi qu'il est dû.

LE CHEF.

Expliquez-vous.

AGATHIS.

Parmenon en exposant sa vie, pour sauver les jours de celui qui l'avoit offensé, ne pouvoit avoir d'autre récompense à espérer que l'Honneur lui-même. Pour moi, j'aime. L'Amour a guidé mon courage autant que le devoir. Dans les bras d'une épouse vertueuse, je me reprocherois d'avoir pû usurper un triomphe que je ne méritois pas. Que Parmenon prononce, & que son cœur juge entre lui & moi.

PARMENON.

Gardez-vous de l'en croire : trop de sensibilité le rend injuste. Combattre pour la gloire, combattre pour l'amour, n'est-ce pas également travailler pour son propre bonheur ? Un seul mot va

tout

SAMNITES.

tout décider. Quand même ce que j'ai fait paroîtroit plus généreux, Agathis, l'aveu même que votre vertu vient de s'impofer, vous élève au-deſſus de moi : je n'en aurois pas été capable ; je vous cède le prix.

LE CHEF.

Ce nouveau trait augmente l'embarras du choix. Mais pourquoi retarder leur bonheur ? Tous deux méritent également l'honneur de choiſir. Sans doute leur cœur a déja nommé mille fois l'objet de ſes vœux. Qu'il leur ſoit permis de ſe dire l'un à l'autre, en ſecret, ce nom ſi cher. S'ils aiment chacun un objet différent, chacun obtiendra ſon époufe : s'ils ſont rivaux, la loi du ſort en décidera. Eh ! quelle Fille Samnite ne ſe fera pas un bonheur d'être unie à celui de ces deux Guerriers contre lequel le ſort prononcera ?

EUMENE.

O mon fils, & vous, ſon digne ami ; allez hors de cette enceinte, vous confier votre ſecret l'un à l'autre ; & puiſſe l'amour ne point coûter de larmes à l'amitié.

(Il conduit Agathis & Parmenon juſqu'aux barrières du Cirque, les preſſe dans ſes bras, & va reprendre ſa place.)

LES MARIAGES

DUO.
AGATHIS.
Ami, quel moment, quel destin !
PARMENON.
Quel trouble a passé dans mon sein !
AGATHIS.
Amitié sainte,
Quel danger pour toi !
PARMENON.
J'ai la même crainte ;
Mais rassure-moi.
AGATHIS.
Si d'une même chaîne
Mon cœur étoit lié,
Faudra-t-il que la haîne
Succède à l'amitié ?
PARMENON.
D'une première chaîne
Mon cœur étoit lié ;
L'amour peut-il en haîne
Changer notre amitié ?
TOUS DEUX.
Que par elle,
Que par ses nœuds,
L'ami fidèle
Console l'amant malheureux.

SAMNITES.

AGATHIS *après un long silence.*

.... L'objet que j'aime,
Est la grace & la beauté même.

PARMENON.

Telle est aussi celle que j'aime,
C'est la grace & la beauté même.

AGATHIS.

Heureux, ah, trop heureux,
Si mon cœur la possède !

PARMENON.

Mais quel destin affreux,
S'il faut que je la cède !

AGATHIS.

Qui jamais la remplacera ?

PARMENON.

Qui jamais me consolera ?
Éliane, sans toi....

AGATHIS.

   Quel nom viens-je d'entendre !
Ce n'est point Céphalide à qui ton cœur se rend ?

PARMENON.

Non, non, c'est Éliane.

AGATHIS.

    O fortuné moment !
Bonheur que je n'osois attendre.

Ensemble.

Jour à jamais cher à nos vœux !
O Ciel !... Quelles chaînes plus belles !
Toujours on nous verra tous deux
    Amis fidèles,
    Amans heureux.

AGATHIS.

Annonçons notre choix. Augustes Vieillards, Éliane est celle que Parmenon a choisie. Céphalide est l'objet de mes vœux.

LE CHEF.

Agathis, l'Etat vous donne Céphalide. Et vous, Parmenon....

PARMENON.

Ah ! depuis l'instant où la victoire & l'amour nous ont ramenés dans ces lieux, mes yeux cherchent Éliane, & ne l'ont point encore apperçue.... Où donc peut-elle être ?

EUPHÉMIE.

Jeune héros, quand ma fille jouit d'une gloire suprême, quand votre ami goûte un bonheur si pur, il m'est bien cruel d'avoir un malheur affreux à vous annoncer.

PARMENON.

Achevez.

EUPHÉMIE.

La fière Éliane s'étoit permis de condamner les loix, d'improuver en préfence de toutes fes compagnes, la plus augufte des inftitutions ; & comment excufer une faute ?....

(*Ici un Guerrier entre tout armé, il jette fon Cafque, & fe fait reconnoître pour Éliane.*)

SCENE VII.

ÉLIANE, les Précédens.

ÉLIANE.

Elle eft réparée : du moins, j'ofe le croire.

PARMENON.

Me trompè-je ? Éliane !

ÉLIANE.

L'amour m'avoit fait commettre une faute ; l'amour l'a expiée. En prétendant défendre contre la loi les droits de mon cœur, j'avois perdu celui d'être choifie par ce que j'aime ; la gloire feule pouvoit m'en rapprocher.... Le combat fe donnoit : cette armure a fervi mon courage.

LE GÉNÉRAL.

Qu'entends-je ? Quoi, c'eſt à vous, Éliane;
c'eſt à vous que je dois la vie ?

ÉLIANE.

Quel danger m'eût arrêtée ?

(Ariette.)

Les traits qui volent ſur ma tête,
Les cris affreux, le feu, la mort,
Tout m'encourage, & rien n'arrête
Et ma valeur, & mon tranſport.

L'honneur me dit : qu'as-tu fait de ta gloire ?
L'amour me crie : ils ſont heureux ſans toi....
Sans moi !...
Je trouverai la mort, ou la victoire ;
Honneur, Amour, triomphez avec moi.

LE CHEF.

Votre faute ne fut qu'une erreur paſſagère ; votre vertu eſt un ſentiment durable..... Un Héros vous méritoit comme vous méritiez d'être à lui. Quel jour pour la Patrie, dont le bonheur eſt aſſuré ; pour des Amans qui feront les plus fidèles des Époux ; pour cette Jeuneſſe enfin, dont le premier bien eſt de recevoir des leçons ſi frappantes ! Euphémie, voilà le prix de vos ſoins : Céphalide, voilà celui de vos vertus; & vous, Éliane, celui de votre courage.

EUMENE.

Dieux, vous favez fi jamais dans les combats, j'ai paru craindre la mort; mais prolongez mes jours. La plus douce récompenfe des travaux d'un Vieillard eft de jouir du fpectacle des vertus de fes enfans.

CHŒUR GÉNÉRAL.

Que de plaifirs ! quel plus beau jour.
Aimons, triomphons tour-à-tour :
Quel prix la victoire nous donne :
 Quand la Beauté nous couronne,
La gloire applaudit à l'Amour.

CÉPHALIDE, ÉLIANE.

Vous qui voyez un cœur éclore,
Mères, qu'Amour fit pour charmer,
Guidez fes feux à leur aurore :
Ne défendez jamais d'aimer.
De la vertu la flamme pure
D'un autre feu doit fe nourrir :
Qu'Amour s'uniffe à la Nature,
Tout eft devoir, tout eft plaifir.

AGATHIS, PARMENON.

Objet chéri de notre hommage,
Sexe charmant, régnez sur nous :
Nos arts, nos loix, sont votre ouvrage ;
Talens, vertus, tout haît par vous.
Du monde entier formez la chaîne :
C'est commander, que vous servir ;
Quand on a la Beauté pour Reine,
Tout est devoir, tout est plaisir.

LE CHŒUR.

Objet chéri de notre hommage,
Sexe charmant, &c. &c. &c.

FIN.

De l'Imprimerie de CLOUSIER, rue Saint-Jacques,
vis-à-vis l'Eglise des Mathurins.

www.ingramcontent.com/pod-product-compliance
Lightning Source LLC
LaVergne TN
LVHW051510090426
835512LV00010B/2455